Härtling · Für Ottla

Peter Härtling

Für Ottla

RadiusBibliothek

RadiusBibliothek
Herausgegeben von Wolfgang Erk

CIP-Kurztitelaufnahme der Deutschen Bibliothek

Härtling, Peter:
Für Ottla / Peter Härtling. – 2. Aufl., Stuttgart
Radius-Verlag, 1985.
(Radius-Bibliothek)
ISBN 3-87173-682-1

3. Auflage 1986

ISBN 3-87173-682-1

Einbandgestaltung: Gabriele Burde
Gesamtherstellung: Clausen & Bosse, Leck
Printed in Germany

Sehr geehrter Herr Gerichtspräsident, ich sende Ihnen diesen Bericht, ohne von Ihnen dazu aufgefordert zu sein, ohne einen für Sie wichtigen Anlaß und ohne eine für Sie faßbare Schuld. Dennoch hoffe ich, Sie legen die Seiten nicht weg und lesen sie bis zum Ende. Sie haben, ich versichere es Ihnen, nichts zu fürchten, obwohl ich mir wünsche, meine Erzählung lehrte Sie die Furcht. Aber darüber sind Sie, sind wir hinaus.

Seit langem verfolgen Sie die erinnerungslosen Schergen Hitlers und sprechen sie, deren Spuren von der ausdauernden Lüge und der gnädigen Zeit verwischt wurden, sogar frei. Ich zähle mich zu denen, deren Gedächtnis von Wut und Trauer aufgewühlt wird, die, wie man ärgerlich behauptet, nicht vergessen können. Doch wovon lebt das Recht? Von der Vergeßlichkeit aller? Oder nicht minder von der beharrlichen Erinnerungsfähigkeit einiger? Welche Zukunft können wir uns zumessen, wären wir unserer Vergangenheit nicht streitend und abwägend sicher? Wir, die wir heute zwischen vierzig und fünfzig Jahre alt sind, erfolgreich oder schon abgeschlagen, haben fast alle unter den Verdrängungen und Vertuschungen unserer Väter gelitten. Ihr Schweigen trieb uns in die Anpassung. Erst unsere Kinder, die Kindeskinder unserer Väter, ertrugen die Verknüpfung von Lüge und Wohlstand nicht mehr und versuchten auszubrechen. Die meisten von uns können sie nicht verstehen. Aber haben wir uns ihnen je erklärt, gab es Ziele hinter dem emsig gehäuften Besitz, Entwürfe für Menschenwürde, Freundlichkeit? Warum verzagten wir so rasch, als es um die Bereinigung der väterlichen Untaten ging? Warum erblindeten wir erneut auf dem rechten Auge?

Ich habe meine Erzählung eingangs einen Bericht genannt. Sie können meinen Bericht auch als Erzählung lesen, Herr Gerichtspräsident, nur sollten Sie dennoch Stefan Woyta nicht als meine Erfindung verstehen, sondern als Ihre.

Der Bericht

Vor einigen Wochen hängte ich an der Stirnwand meines Zimmers ein Bild auf, das ich seit mehr als einem Jahr besitze und das ständig vor Augen zu haben ich mich scheute. Es ist ein schlichtes, in aller Ruhe nacherzählendes Blatt. Als Vorlage diente ihm ein Foto, das der Wuppertaler Maler Gerd Aretz lithographisch vergrößerte, in seiner gespannten Mitteilungskraft verstärkte. Die Fotografie kannte ich seit langem. Ich habe mich vor ihr ein wenig gefürchtet. Sie hörte nie auf zu reden. Und es war – ich bin nicht sicher, ob Sie dieses Paradoxon begreifen – das Reden von Stummen.

Auf dem Bild stellen sich zwei Personen einem unbekannten Fotografen, ein junger Mann und eine junge Frau. Er hält sich etwas im Hintergrund, lässig und heiter. Es scheint, als halte er in einem Glücksmoment inne, dem er nicht trauen kann. Vielleicht hat er sich für den Fotografen so nobel gekleidet, mit einem gut geschnittenen Anzug und einer Weste, vielleicht ist der Anlaß für die Aufnahme ein häusliches Fest gewesen. Sie gingen, als das Licht günstig war, kurz nach draußen.

Der junge Herr lehnt sich, seine Überlegenheit betonend, gegen eine Säule am Portal. Da er aber groß und mager ist, gerät die souveräne Attitüde etwas unbeholfen. Einen halben Schritt vor ihm steht die junge Frau. Sie trägt, festlich wie er, ein knöchellanges, weites, schwarzes Kleid, das am Hals von einem weißen Kragen gefaßt ist. Der Fotograf hat sie mehr gesehen als ihn. Und zu Recht. Ihn wird, wie den nachträglichen Betrachter, die ungefügte Würde dieses Geschöpfs gerührt haben. Man schaut in das Gesicht eines Mädchens und weiß, wie es altern wird. Das Lächeln wird sich eingraben, die noch zarten Schatten werden neben Falten stehen. Doch nicht ihres Gesichtes wegen zieht das Mädchen die Aufmerksamkeit so nachdrücklich auf sich. Es ist ihre Haltung. Und diese wiederum wird beredt in den Armen, genau gesagt: in den Unterarmen, die von den Ärmeln frei sind. Sie wirken sonderbar entblößt, schwer. Die Hände sind geöffnet, und man hat den Eindruck, sie erwarteten, von Nägeln oder Dornen verletzt zu werden. Es sind große, arbeitskundige Hände; als tüchtige Hände würde man sie beschreiben, gäben sie nicht ihre Hilflosigkeit so preis. Da die junge Frau auch noch andeutungsweise nach vorn geneigt steht, glaubt man, ein unsichtbares Gewicht zu spüren, das sie mit unbezwingbarer Freundlichkeit schleppt.

Die beiden, die ich zu beschreiben versuche, sind Franz und Ottla Kafka. Aufgenommen wurde das Bild vermutlich 1914 vor dem Oppeltschen Haus in Prag, in dem die Familie Kafka wohnte. Franz ist einunddreißig Jahre alt, Ottla zweiundzwanzig.

Ich nehme an, Herr Gerichtspräsident, daß der Ruhm dieses Mannes Ihnen nicht entgangen ist. Ich wüßte auch keinen Dichter, der den ausgeklügelten Irrwitz der Bürokratie in seinen Erzählungen derart penibel wiedergegeben hat und der sich, schreibend, dem Gesetz so beugte, einem Gesetz, das auszulegen Sie allerdings kaum fähig sein werden. Er war, Sie wissen es, Jude, Prager Jude, und schrieb ein makelloses Deutsch, das jene, die später in mörderischen Kommentaren, Erlassen und Gesetzen über Juden urteilten, mißbrauchten und verdarben. Ich kann mir vorstellen, daß solche Sätze Sie beunruhigen. Man schreibt so etwas heute nur noch selten, es herrscht die Meinung vor, die Vergangenheit sei zur Geschichte geworden, und über diese urteile allein ein noch unbestimmter Weltgeist.

Um Sie aber nicht voreilig zu verstimmen, will ich gleich anmerken, daß Franz Kafka in meinem Bericht keine Rolle spielt. Mir geht es um Ottla.

Was ich von ihr weiß, habe ich gelesen: Bruchstücke eines Lebens, dem keine Aufmerksamkeit galt, das keinen Widerhall findet in gescheiten oder vorlauten Notizen. Niemand hat ihrem Leben zugesehen. Ich habe sie mir sichtbar gemacht. Jetzt kann ich, mit Hilfe anderer, von ihr erzählen.

Sie tritt aus dem Bild, nicht er. Er bleibt stehen, richtet sich nur auf, wischt mit der flachen Hand den Staub vom Ärmel. Er hatte sich gegen den Stein gelehnt, und nun übertreibt er seine Sauberkeit. Sie wendet sich

ihm zu, so daß ich ihren gedrungenen Rükken sehe. Ich höre sie reden. Erst kann ich sie nicht verstehen, denn sie spricht eine jener unverständlichen Sprachen der Erinnerung und des Traums. Ihre Stimme gleicht der einer meiner tschechischen Tanten. Sie kommt füllig und schwer aus der Kehle. Ottla spricht ein vom Tschechischen kräftig eingefärbtes Deutsch. Es ist die Sprache meiner Kinderjahre, über deren verrückte Wendungen ich mich später lustig machte, vielleicht um ihrer drastischen Nähe zu entwischen, eine Sprache, die hätschelt und wärmt, voller Lust Bilder ausrollt und listig auf der Hut bleibt.
Hast dich auch so postiert, daß man dich schön findet?
Er lacht.
Gehn wir ein bissel bummeln?
Er läuft ihr nach.
Sie verschwinden hinterm Rand des Bildes.
Aber ich kann sie zurückholen, in eine andere Umgebung, die mir vertraut ist, die, wenn ich Stichwörter höre, sich um mich herum aufbaut, Kulisse der eigenen Vergangenheit. Die Stichwörter gibt mir Anna Maria Jokl, die über ihre Freundschaft mit Ottla einen Aufsatz schrieb, ein paar Seiten, die dieses Leben zusammenfassen, gescheit und ohne jede Übertreibung.

»Auf dem Kohlenherd schmorten immer volle Töpfe, alle Arten von Speisen, und die Kinder und der Mann aßen, wann und was sie wollten.«
Das kenne ich: die Küche, die Kuchel, als Zuflucht, als Wärmestube und Warteraum, als Ort für kleine, nichtssagende Wortwechsel. Es herrscht ein dauerndes Kommen und Gehen. Der eine hebt nur den Deckel vom Topf, schnüffelt in den Dunst, verschwindet, die andere holt sich aus der Anrichte einen Teller, schöpft ihn sich voll, setzt sich an den Tisch, über den ein mit Leukoplast geflicktes Wachstuch gebreitet ist, löffelt stumm. Eines der Kinder will wissen, wo das Kleid sei, an dem der Saum lose ist. Es liege, wie es sich gehört, in der Kommode, und der Schaden sei längst behoben. Der Mann kommt herein, stellt die vom Regen schweren Schuhe neben den Herd, damit sie rasch trocknen. Er setzt sich an den Tisch, seufzt, starrt vor sich hin. Die Küche bewahrt alle Geräusche auf, Seufzer, Schreie, Geflüster, Flüche. Sie hört zu und schweigt. Auf jeden Fall ist es hier immer warm. Und im Sommer stehen die Fenster auf, und jeder, der über die Schwelle tritt, durchquert erst einmal den Raum, lehnt sich übers Fensterbrett und guckt hinunter auf die Straße.
In all diesem Wechsel sind sie immer gegen-

wärtig: Babitschka, Tante Manja oder Ottla. Sie fangen alles auf und reden nicht viel. Sie halten, was ihnen zugemutet wird, aus. Und sie hüten sich, nachzudenken, ins Grübeln zu geraten, denn dann würden sie wahrscheinlich alles stehen und liegen lassen, der aufgestauten Wut nicht mehr Herr werden. So schuften sie, kochen, backen, flicken, putzen, geben knappe Auskünfte, stehen zur Verfügung. Wenn es dem anderen guttut, weinen sie zum Trost mit. Sie notieren mit Bleistiftstümpfen auf kleinen Zetteln, was beim Bäcker, in der Markthalle einzukaufen sei, und rechnen, ohne jemanden ins Vertrauen zu ziehen, verzweifelt nach, ob das Geld in der abgegriffenen Lederbörse für die Woche reiche. Sie täuschen Fülle vor, Ruhe und teilen ihre Gefühle sparsam und sorgsam mit den andern.

»Wenn es je eine rätselhafte Mesalliance gegeben hat, so hier.« Ottla hat Dr. jus. Josef David vor dem Krieg kennengelernt, 1912 oder 1913. Ich denke mir Situationen aus, wie. Ob in einer Gesellschaft oder ob er sie, nachdem er ihr einige Male auf der Straße begegnet war, angesprochen hat oder in einem Konzert, bei einer Vereinsveranstaltung? Er wird nicht einfallsreich gewesen sein, eher plump und unverdrossen.

Darf ich mich Ihnen vorstellen, gnädiges

Fräulein? Auf eine Weise kennen wir uns ja schon. Josef David.
Sie kichert nicht, wie es in den Büchern der Zeit steht, den jungen Mädchen gewissermaßen vorgeschrieben ist. Ottla blickt ihn ernst an, nennt ihren Namen und wiederholt, was er gesagt hat: Auf eine Weise kennen wir uns ja schon.
Er ist beinahe um zwei Köpfe kleiner als sie.
Er ist Tscheche, Christ und nicht Jude.
Er ist fröhlich, immer fröhlich.
Er redet von sich und sieht lachend durch sie hindurch.
Ottlas Eltern wehren sich gegen ihn, den kleinen, lauten Tschechen. Nicht, weil er klein und laut ist – immerhin hat er eine akademische Laufbahn vor sich, und das ist nicht zu verachten –, sondern weil sie für Ottla schon einen Mann gewählt haben, den sie von Kind auf kennen, der Jude ist und kein Goj. So haben sie auch für Elli und Valli, Ottlas Schwestern, vorgesorgt. Und die widersetzten sich nicht, sprangen nicht aus dem Reglement wie Ottla. Warum gerade sie, die Brave und Demütige, wieso ist gegen ihre Renitenz nicht anzukommen?
Sie können es sich nicht erklären.
Aber sie hat immer ihren Kopf durchgesetzt, hat dabei nie gewütet oder sich gebrüstet.

Da, außer Franz, sie keiner durchschaute, verblüffte sie ständig ihre Umgebung.
Der Bruder wußte es besser.
Manchmal, an Nachmittagen oder Abenden, hatten sie sich ins Badezimmer zurückgezogen, die Tür verriegelt und sich flüsternd unterhalten. Er hatte alle seine Ängste ausgebreitet, einen Teppich voller wüster Traumbilder, und sie hat ihm beruhigend ihre Wirklichkeit eingeredet.
Manchmal streichelte sie ihn, nahm ihn in die Arme.
Wahrscheinlich lieben wir uns.
Red nicht so blöd daher.
Aber es stimmt, Ottla.
In deiner Phantasie, Franz, die hab ich nicht.
Wenn sie jetzt, in der Kuchel, Josefs Lautenspiel lauscht, oder den beiden Töchtern, Vera und Helenka, das Nachtmahl vorsetzt, wenn sie das Geschirr spült, die Teller in der Vitrine stapelt, stets an derselben Stelle, denkt sie oft an den Bruder, der seit Jahren tot ist, dessen Bücher, die sie nicht ohne Mißtrauen gelesen hat, berühmt sind und deretwegen sie mitunter von jungen Leuten besucht und ausgefragt wird.
Was soll ich sagen? Er war halt ein verschlossener Mensch. Mit Josef unterhält sie sich nie über Franz. Die Briefe, die er an sie schrieb, hat sie sorgfältig verwahrt. Er hatte

ihr geraten, sie in Schnitzeln vom Balkon den Hühnern hinzustreuen. Manche weiß sie auswendig.

»Liebe Ottla, wir spielen ja nicht gegeneinander, sondern wir haben ein gemeinsames Spiel und sitzen beisammen, aber eben weil wir einander so nah sind, unterscheiden wir nicht immer, was der andere will, ob stoßen, ob streicheln.«

Sie hat, allmählich, unterscheiden gelernt.

So ungeregelt ihr Tag verläuft, so aufgelöst in zahllose kleine Verrichtungen, die sie oft selbst überraschen, so geregelt scheint den beiden Kindern das Leben. Sie flüchten in Ottlas Wärme, und sie überschüttet sie mit immer denselben Trostwörtern, hält sie kindisch, will nicht, daß sie mehr wissen als nötig, die Hascherln, treibt Angst aus ihrem Umkreis und wäre imstande, ein Erdbeben zu verleugnen, die Kinder würden es ihr glauben. Wie viele Sätze hat sie im Laufe der Jahre mit Josef gewechselt?

Sie flüchtet sich in Rituale. Nie wird sie aufbegehren, sagen: Deine Selbstsucht reicht mir, deine platte Heiterkeit martert mich; daß du nichts kennst als den Weg zwischen Kanzlei und Küche, macht mich verrückt.

Spielt er Laute, singen sie und die Kinder mit. Sie sprechen mehr Tschechisch als Deutsch. Wenn Karl und Elli uns am Sonntag besuchen

kommen, könntest du zum Schweinsbraten Karfiol überbacken. Für den hab ich eine Vorliebe.
Dabei ißt sie nie Fleisch.
Und viel Kümmel zum Schwein.
Hab ich ihn je vergessen?
Nein. Und zum Nachtisch die Topfenkolatschen. Die gelingen dir immer.
Sie schreibt sich alles auf, wie ein Kind. Es fragt sich, ob sie sich oder ihn verspotten will.
Ist sie noch jemand? In der Familie wird gesagt: Ottla ist die Güte selbst.
Sie weiß es besser. Nur gibt ihr die Zeit noch keine Gelegenheit, sich zu entscheiden.
»Ihr ›Du‹ zu ihm kam immer zögernd.« Ottla und Josef David waren, als Anna Maria Jokl sie kennenlernte, dreizehn Jahre verheiratet, kannten sich seit fast zwanzig Jahren. Es ist kaum vorstellbar, daß sich da nicht Vertraulichkeit einstellte, Gewöhnung das Du nicht erleichterte. Oder hat sich die Fremde in der Nähe vertieft? Womöglich hat sie die banale Beständigkeit seiner Existenz unterschätzt?
Nachdem die Mädchen geboren waren, konnte sie sich von ihm abwenden, ohne daß sie ihn verletzen mußte. Sie war für alle da, gebrauchbar, fast ein Gegenstand.
Laß mich in Frieden mit solchen Lappalien, geh zur Mutter, Helenka.

Im Grunde brauchte es gar keine direkte Anrede mehr:
Möchtets Ihr, daß wir am Sonntag zu Elli fahren, zu den Cousinen?
Möchtets Ihr, daß ich zur Feier des Tages Buchteln backe?
Mir scheint es, als seien solche Sätze in der leer gewordenen Wohnung an der Bilkowa 4 liegengeblieben, Rudimente eines erträglich geordneten Alltags, ungefüg und mit einem melancholischen Beiklang wie in Ottlas kurzen Briefen: »Ich bin froh, daß ich hier allein bin, ich schätze mir diese Freiheit ... Das Lernen geht besser, wenn ich allein bin und die Freizeit ist für mich wirklich frei nur dann, wenn ich allein bin oder mit jemanden, der mir so nahe ist und den ich so kenne wie Irma und den Bruder«, hatte die Zweiundzwanzigjährige an Josef David geschrieben. Damals arbeitete Ottla auf dem Gut eines Onkels in Zürau.
Dreifach betont sie das Glück des Alleinseins.
Später hatte sie kaum mehr Gelegenheit dazu und ungestört in den Gedichten Goethes zu lesen.
Sie fügt sich. Aber sie verliert die Gabe nicht, mit sich allein auszukommen. Das bleibt ihre Kraft.
Ich wünsche mir, daß sie wenigstens einmal

um sich schlug, sich wehrte. Vielleicht, als die Nachrichten aus dem Deutschland Hitlers immer bedrückender wurden, als immer mehr Juden aus dem Reich nach Prag flohen, als in Reichenberg und anderswo in den Sudeten die Horden Henleins übermütig wurden, als die Regierung Beneschs nur halbherzig Drohungen zurückwies, als Chamberlain und Daladier mit dem Diktator über einen Frieden verhandelten, an den keiner mehr zu glauben wagte.
Als dies alles verschwiegen wurde, fing sie an zu schreien. Warum reden wir nicht? Warum?
Die beiden Mädchen sehen sie erschrocken an, und Josef antwortet leise: Was könnte es nützen?
Weil es uns ersticken könnte, weil ich daran ersticke.
Du übertreibst.
Ist es meine Art, zu übertreiben?
Nein. Nur verlierst du jetzt die Nerven.
Wieso soll ich die Nerven verlieren, wenn deiner Meinung nach alles still ist?
Uns geht es nichts an.
Dich vielleicht nicht.
Da spürt sie schon, daß sie zu weit gegangen ist, die Häuslichkeit gestört hat. Sie nimmt die Angst, die laut wurde, zurück, behält sie wieder für sich, schließt sie ein. Sie faßt Helenkas Hand, die den Löffel nicht losläßt,

und sagt: Wir leben ja nicht übel. Was soll man sich künstlich aufregen.

Ottla fragt sich, warum sie mehr weiß und den anderen voraus ist, warum Josef das für Furcht hält, was sie sicher und selbständig werden läßt.

Sie geht mit den Kindern spazieren, kauft ein, sparsam wie üblich, und horcht sich um. Die Sprache hat sich verändert. Freundlichkeit verkehrt sich in Hohn, Gesten, auf die man vorher nicht achtete, treffen einen in ihrer Feindseligkeit.

Du redest dir das ein!

Du redest dir das ein!

Josef wiederholt, was sie sich selber sagt. Die Kinder heulen öfter als sonst. Sie erzählt ihnen von Zürau, Schelesen und von Onkel Franz, worüber sie sich wundert.

Hast du Kühe melken müssen, Mamitschka?

Und Gänse stopfen?

Würdest du das noch können?

Warum nicht?

Weshalb fahren wir nicht hin?

Weil es jetzt nicht geht.

Jetzt?

Ich hab dumm dahergeredet. Vielleicht fahren wir bald.

Sie reden , reden, und die Sätze kehren ungehört und ungeglaubt zurück. Schließlich ziehen sie das Schweigen vor.

Die Kinder sitzen über ihren Schulbüchern. Ihr müßt lernen. Das ist wichtig für euer ganzes Leben. Josef liest ausdauernd in der Zeitung oder spielt Laute.
Haben sie, selten genug, Gäste, hört sie zu. Fragt einer nach dem Dichter, Ottlas Bruder, winkt sie ab.
Ich weiß wenig von ihm. Bitte. Ich möchte Ihnen nichts Falsches sagen. Fragen Sie das Fräulein Anna Maria oder Herrn Doktor Brod. Er war mit ihm befreundet.
Es kommt vor, daß sie ihren Bruder im Traum sieht.
Meistens allein, ab und zu mit Felice Bauer oder Grete Bloch oder mit Milena.
Er öffnet den Mund, doch kein Ton dringt über seine Lippen.
Kannst du mich verstehn, Ottla?
Warum begreift sie plötzlich diesen einen Satz?
Nein, Franz.
Siehst du. Du hast es verlernt.
Sie wacht auf an einem Schmerz, der sich derart knäult, daß sie ihn fassen und wie einen Klumpen ausreißen könnte.
Laß mich, wenn du kannst, in Frieden!
Nach dem Einmarsch der deutschen Truppen und der Deklaration eines Protektorats Böhmen und Mähren blieb Ottla ruhig, fast apathisch. Einmal sagte sie, ohne jemanden

anzusprechen: Ich hab es gewußt. Niemand wird sie aufhalten können.
Josef ahnte nicht, wie empfindlich und hellhörig sie geworden war; keine neue Regelung und Verordnung entging ihr. Von jedem, der aus der Nachbarschaft verschwand, wußte sie Bescheid. Dennoch trübte die große Anspannung nicht ihre Freundlichkeit.
Sie war wie sonst, sagten die Kinder.
Mir ist an ihr nichts aufgefallen, sagte Josef.
Soll ich sie beunruhigen, ehe es geschieht? sagte sich Ottla.
Sie studierte die Taten der Verfolger und bereitete sich mit Akribie vor.
Mit den Juden im Protektorat werden sie nicht umgehen wie mit denen im Reich, sagte Josef.
Irgendeiner der rar gewordenen Gäste beurteilte Theresienstadt als eine rein jüdische Siedlung, aber nicht als ein Konzentrationslager.
Ach geh.
Ach geh.
Gesetze muß man lesen können, um ihnen zu entsprechen. Die einen werden von ihnen getroffen, die andern entgehen ihnen.
Nun erinnert sie sich an die Erzählungen des Bruders. Er hat zuviel gewußt.
Ottla überrumpelt Josef nicht. Ihre List stottert, ist aber unnachsichtig. Sie hat die Kin-

der zu Bett gebracht, mit einer kleinen Schaufel die Asche aus dem Herd geholt, die Kasserollen, der Größe nach, nebeneinandergestellt, sich die Hände an der Schürze abgewischt und sich Josef gegenübergesetzt:
Es wäre besser, wir lassen uns scheiden. In Anbetracht der Lage. Und sie fügt, wie oft, vorsorglich hinzu: Reg dich nicht auf, Josef, ich bitte dich.
Wie kommst du darauf? Was hab ich dir angetan? Er treibt sie mit seinen betroffenen Fragen in die Enge.
Du willst mich nicht verstehn, Josef.
Ich kann dich nicht verstehn.
Für dieses Mal gibt sie auf. Sie muß es anders anfangen, muß seiner Angst einen Grund geben und es ihm erlauben, Anstand zu wahren. Denn auf Anstand legt er Wert, weniger schon auf Liebe.
Was soll ich mit den Kindern ohne dich?
Um Vera und Helenka geht es doch.
Dann erschreck uns nicht mit deinen verrückten Ideen.
Da er nicht auf sie hören will, hört sie jetzt wortlos auf ihn. Er beklagt sich oft, ohne ihr die Schuld zu geben. Die Deutschen sind es auch nicht. Eine unheimliche, anonyme Macht schränkt ihn ein, raubt ihm Rechte. Immer sind es »die«. Daß »die« ihm im Büro Schwierigkeiten bereiten. Daß »die« selbst

die Kinder nicht verschonen. Daß »die« nun auch Elli und ihre Familie nach Theresienstadt verschickt haben. Er sagt »verschickt«. Ottla war, als die Schwester sich von ihr verabschiedet hatte, nahe daran gewesen, aufzugeben, aus dem Haus zu rennen, schreiend, sich endlich den Judenstern an den Mantel, ans Kleid zu nähen, nichts mehr verschweigen zu müssen.
Nütze deine Situation aus, hatte Elli sie angefleht, laß dich auf nichts ein; du hast das Glück, mit einem Arier verheiratet zu sein, dir und den Kindern kann nichts zustoßen. Ich bitt dich, verlier nicht den Kopf.
Welchen bösen Sinn solche Redensarten auf einmal bekommen. Dabei hat sie sich längst entschlossen, ist sich ihrer sicher, hat sich von dem, aus dem sie lebte, entfernt.
Manchmal frag ich mich, wo du mit deinen Gedanken bist, Ottla?
Ich bin ein bissel zerstreut, das ist alles.
Doch noch nie konnte sie sich so konzentrieren, sah Josef, Helenka und Vera wie auf einer Bühne, die sie selbst eingerichtet hatte. Sie sprachen auch ihren Text, der sich nach ihrem Fortgang ändern würde. Das wußte sie. Eine Zeitlang würde Josef sie in den Unterhaltungen aussparen, doch später würde wieder viel von ihr geredet werden, jedoch nicht mehr von ihr, Ottla, sondern von einer ma-

kellosen, geliebten Erscheinung. Diese Vorstellung belustigte und tröstete sie.
Es gelang ihr dann, Josef, ohne daß er widersprach, zu überreden. Es ging ganz rasch. Ihre Atemlosigkeit wäre gar nicht nötig gewesen. Er solle bedenken, um wie vieles leichter er es mit den Kindern nach der Scheidung hätte. Sie wären nicht mehr gefährdet. Er als Jurist wisse genau, welche Rechte ihnen dann zustünden. Außerdem könnte ihnen das Erbe nicht abgesprochen werden. Mutters Häuser blieben den Kindern erhalten, sie könnten nicht als jüdisches Eigentum konfisziert werden.
Das ist nicht abzustreiten.
Ottla sieht ihm an, daß er nicht mehr nachzudenken braucht, daß für ihn, wie für sie, alles beschlossen ist, abgeschlossen.
Die nächsten Tage wird er ab und zu klagen; aber in ihrem Kopf haben die Stimmen aufgehört, durcheinanderzureden. Die Kinder sollen es erst am Ende wissen, beschließt sie.
Zielstrebig verfolgt Ottla ihren Plan. Die Scheidung wird zur Formalität, die Josef klaglos annimmt. Ohne ihn zu unterrichten, meldet sie sich als Jüdin an und näht am Abend, sehr sorgfältig, den Stern auf die Kleider. Die Kinder schauen ihr dabei zu, ohne eine Frage zu stellen. Sie sagt: Es muß so sein. Josef erklärt sie, sie könne nur noch

kurze Zeit als Jüdin in dem gemeinsamen Haushalt leben, sie werde zu einer Belastung, die sie ihm und den Kindern nicht zumuten wolle.

Sie führen geisterhafte Gespräche:

Was soll aus uns werden?

Die Zeit wird es zeigen.

Wie kannst du nur so gleichgültig sein?

Gleichgültig bin ich nicht.

Deine Ruhe regt mich auf.

Hat es einen Sinn zu jammern, Josef?

Ich könnte auf die Welt einschlagen.

Was kann die Welt dafür?

Er sagt nicht: Auf die Deutschen.

Sie trauen sich und den Wänden nicht mehr und halten sich selber eingesperrt.

Nach einigen Tagen bekommt Ottla den Bescheid, daß sie sich zum Transport nach Theresienstadt zu melden habe. Es ist penibel vorgeschrieben, wieviel Gepäck sie mitnehmen darf und was einzupacken nicht erlaubt ist. Ottla liest die Anweisung wie Gesetze, mit kindlichem Ernst. In einer Ecke der Stube stapelt sie, was sie braucht. Wieder sehen Helenka und Vera stumm zu. Sie fürchten sich vor dem Unerklärten.

Josef nimmt erst wieder teil, als Ottla Abschied nimmt, mit einem die Wahrheit ausspeienden Wortschwall die Kinder verstört, sie an sich reißt, noch einmal in die Töpfe

schaut, Josef ermahnt, keine Rücksicht zu nehmen, wobei nicht klar wird, wer gemeint ist, und von neuem die Kinder umarmt, nachdem der Mann, wie Anna Maria Jokl erzählte, ihr die Schuhe eingefettet hat, wie er es beim Militär lernte, »er tat es gründlich und eifrig und sagte befriedigt: Da wird dir kein Wasser durchkommen. Das sahen und hörten die schreckensstarren Mädchen. Erst als die Mutter gegangen war, löste sich die Starre. Nun bestürmten sie die Behörden, standen am Tor von Theresienstadt, bettelten um Einlaß, um Internierung. Dies wurde abgelehnt: Das Gesetz traf nicht auf sie zu.«
Ottla lebte eine Zeitlang im Ghetto von Theresienstadt, vermutlich in der angespannten Aufmerksamkeit, mit der sie ihre Familie verlassen hatte, und darin sicher, daß dieses Lager nur eine Durchgangsstation sei. Sie arbeitete im Kindergarten, und als Begleiter für einen Kindertransport nach Auschwitz gesucht wurden, meldete sie sich freiwillig. Mit den Kindern ging sie ins Gas.
Ich könnte, Herr Gerichtspräsident, meinen Bericht hier beenden, könnte, um Sie zu belehren, darauf hinweisen, daß auch der Warschauer Arzt Janusz Korczak, ein berühmter Gelehrter, mit seinen Waisenkindern umgebracht wurde wie die unbekannte Schwester Franz Kafkas, ich könnte wehklagen, die

Namen von Schlächtern und Schergen aufzählen, doch ich möchte Sie treffen, darum erfinde ich Stefan Woyta, mit dem ich die Erzählung, um Ottlas willen, fortführe.

Als Ottla 1942 in Auschwitz ermordet wurde, war sie einundfünfzig Jahre alt, Vera dreizehn und Helenka zwanzig. Woyta lernte ich 1972 als Sechzigjährigen kennen, einen Mann auf der Höhe des Erfolgs, in seiner Stadt als Gemeinderat respektiert, einflußreich, wenn nicht mächtig, ein Bauunternehmer, dessen Aufstieg nach dem Krieg den Bürgern geläufig war, gleichsam ein Beispiel für Phantasie und Durchsetzungskraft: einer, der ohne alles kam und alles erreichte.

Woyta zählte zu einer Stammtischrunde, die ich als gelegentlicher Gast aus der Distanz beobachtete. Er fiel mir gleich auf. Ein kräftiger, untersetzter Mann, in dessen fleischigem Gesicht sich ausdrucksvoll Schläue und Freundlichkeit verquickten. Manchmal erschien er in einem abgetragenen Arbeitsanzug; manchmal war er sorgfältig gekleidet. Tauchte er auf, dominierte er. Er drängte sich jedoch nicht vor. Seine Autorität wurde von den anderen angenommen.

Sie werden, Herr Gerichtspräsident, solche Männer schätzen, ihre Festigkeit und Ausgeglichenheit, ihren von Erfahrungen gesättigten Konservatismus, der sich ans Gegebene

hält, dem Neuen mißtraut und sich von der Macht angezogen fühlt. Unter solchen Blikken ordnet sich die Welt.
Einen seiner Stammtischfreunde pflegte Woyta grundsätzlich zu brüskieren: den Leiter der Sonderschule, Schirmer, einen jugendbewegten Fünfzigjährigen, der sich mit nie nachlassender Energie für »seine Kinder« ereiferte, anschaulich und wütend elende Lebensläufe vorauszeichnete und jedesmal sich selbst und die anderen am Tisch zu Mitschuldigen erklärte.
Bei einer dieser Auseinandersetzungen, die ungewöhnlich heftig verlief, hielt sich Schirmer nicht an die Absprachen und riß Woyta aus seiner Rolle.
Woyta hatte, wie so oft, Schirmer unterbrochen und abgekanzelt: Jetzt komm mal zu dir. Es wäre gescheiter, du ließest die Kinder so blöd sein, dann kämen sie nicht auf falsche Gedanken.
Und du hättest ein paar Kulis mehr.
Du sagst es, hart und treffend. Mit deiner Menschlichkeit bescheißt du die ja bloß.
Und deine Unmenschlichkeit verschafft ihnen wenigstens Arbeit.
Ganz richtig, Schirmer, was kann ich dir noch beibringen?
Nichts. Du hast seit Auschwitz nichts dazugelernt, Woyta.

Der Zorn hatte Schirmer unbedacht werden lassen. Er verstieß gegen die Regeln. Die Runde erstarrte, auch Schirmer, und das Schweigen, in das sie versanken, war ein Schweigen von mehr als zwei Jahrzehnten.
Ich hatte mein Stichwort, und von nun an verfolgte mich der »andere« Woyta.
Vorsichtig erkundigte ich mich nach ihm. Wann man ihn zum ersten Mal in der Stadt gesehen habe. Ob er sich anders genannt habe. Die meisten wußten nur, daß er, ohne Familie, mit einem Flüchtlingstransport gekommen und einige Zeit als Bauarbeiter in dem Betrieb beschäftigt gewesen sei, den er später gekauft und um das Vielfache vergrößert habe. Er habe in eine alte, ortsansässige Familie eingeheiratet und noch an Einfluß gewonnen. Ein ehrenwerter Mann. Ein angesehener Bürger. Einer von den wichtigen Gemeinderäten. Ohne ihn sei das öffentliche Leben in dieser Stadt kaum denkbar.
Und vorher? Ehe der Aufstieg begann?
Darum habe man sich nicht gekümmert. Ein Flüchtling, wie viele, wahrscheinlich aus dem Sudetenland. Er sei ja auch nicht mit einem Schlag so bekannt gewesen wie heute.
Ich entschloß mich, Schirmer zu besuchen, obwohl ich wenig Hoffnung hatte, von ihm, nach dem Eklat, viel zu erfahren. Er hatte

sich die Zunge verbrannt und mußte mit Woytas Rache rechnen.

Schirmers kleine Junggesellenwohnung verdutzte mich: Es gab nicht die Andeutung von Unordnung, alles war nach einer peniblen Geometrie geschichtet, gestapelt, gestellt, die Fensterscheiben blitzten wie in Werbefilmen, und als ich mich setzte, die Hände auf die blanken hölzernen Lehnen legte, hatte ich das Gefühl, schwitzend und schmutzig diese akkurate Welt zu lädieren.

Schirmer hatte mich nur zögernd eingelassen.

Befangen saßen wir einander gegenüber.

Er sprang wieder auf, fragte, ob er mir ein Glas Wein anbieten dürfe, brachte zuerst Untersetzer, stellte die Gläser darauf und schenkte den Wein aus einer Flasche, deren Hals mit einem Tropfenfänger, einem gräßlichen Kragen aus Schaumgummi, versehen war.

Ich versuchte, seine leidenschaftlichen Plädoyers für die Freiheit der Kinder und das heilsame Chaos mit dem sich in dieser Enge austobenden Ordnungswahn zusammenzubringen. Schirmers Schizophrenie teilte sich offenbar seiner Umgebung mit: Was er in der Schule förderte, trieb er sich daheim wieder aus. Ich bekomme selten Besuch, entschuldigte er sich.

Auch von Schülern nicht?
Um Himmels willen!
Wir stotterten halbe Sätze, nippten an dem Wein.
Dann kam er, mich überraschend, zur Sache: Sie kommen wegen Woyta, nicht wahr?
Ich nickte.
Als ich das ungehörige Wort aussprach, saßen Sie nämlich am Nebentisch und hörten aufmerksam zu.
Ja.
Auschwitz. Er sprach den Namen leise, mit scharf zischenden Konsonanten aus, ließ mich aber nicht zu Wort kommen, sondern fuhr, an mir vorbeiblickend, fort: Woyta gehörte drei Jahre lang zur Wachmannschaft, eine kleine Charge, verstehen Sie, einer von denen, die nicht hinterm Schreibtisch saßen, sondern Tag für Tag –
Er sah mir zum ersten Mal in die Augen.
Woyta wurde gesucht. Ich weiß es. Doch unter einem anderen Namen. Als man in Frankfurt gegen einige prozessierte, verschwand er für ein halbes Jahr, um, wie er behauptete, auf einer Großbaustelle im Iran nach dem Rechten zu sehn.
Kamen Sie darauf, daß er –?
Nein. Sie werden staunen. Er hat es uns, stockbesoffen, selbst erzählt.
Dem Stammtisch? Und keiner hat –?

Hören Sie, ich habe Ihnen nichts mehr zu sagen, und es ist besser, Sie gehen jetzt. Sie haben erfahren, was Sie wissen wollten. Was Sie damit anfangen, ist mir egal. Woyta ist einer von uns. Wir kennen ihn, schätzen ihn. Vielleicht hat er auf seine Weise gebüßt. Vielleicht hat er alles vergessen. Es sind dreißig Jahre her.
Er erhob sich und forderte mich noch einmal auf, seine Wohnung zu verlassen.
Sie sagten, Herr Schirmer, Woyta sei einer von Ihnen?
Ja, das sagte ich.
Und wenn einer der wenigen Überlebenden ihn entdeckte, wäre er es dann auch noch?
Er ging zur Tür, öffnete sie und wischte mit dem Jackenärmel über die Klinke, eine Geste, deren er sich nicht mehr bewußt war.
Warum fragen Sie das gerade mich? sagte er.
Den Fortgang der Geschichte werden Sie, Herr Gerichtspräsident, ahnen. Ich versuchte, mit Woyta bekannt zu werden. Das war nicht schwierig. Freilich mußte ich mich mehr, als mir lieb war, am gesellschaftlichen Leben der Stadt beteiligen. Auf irgendeiner Party kamen wir ins Gespräch.
Vom Sehen her kenne er mich ja, besitze auch einige meiner Bücher, und natürlich stellte er die Frage, ob ich mit meiner Familie davon leben könne. Sein Interesse war nicht

geheuchelt. Er las, wußte über Neuerscheinungen Bescheid, was nicht ganz in das Bild paßte, das ich mir von ihm gemacht hatte, mir jedoch half, die Verbindung mit ihm zu halten. Er lud uns zu sich ein, war ein seriöser, unterhaltsamer Gastgeber. Seine anscheinend kränkelnde Frau und seine beiden erwachsenen Söhne kamen kaum zu Wort.

Nun konnte ich ihn einladen. Sorgsam bereitete ich mich vor, legte die Verabredung auf den Anfang der Schulferien. Meine Frau reiste mit den Kindern voraus an die See.

Woyta war überrascht, mich allein anzutreffen, aber ich hatte ausdrücklich auch nur ihn eingeladen.

Er brachte, als Gastgeschenk, vier Flaschen Burgunder, gab sich aufgeschlossen und neugierig, nahm, noch im Entree, das Gespräch über Literatur wieder auf, sah sich in meinem Zimmer um, musterte die Bilder.

Von da an machte ich mich strafbar.

Das Bild der Geschwister hatte er nur flüchtig betrachtet.

Ich wies ihn noch einmal darauf hin.

Sind es Porträts? fragte er.

Ja, es ist Franz Kafka mit seiner Schwester Ottla.

Kafka! Natürlich! Ich hätte ihn erkennen müssen.

Ottla auch, sagte ich.

Wieso sie? Vielleicht habe ich irgendwo gelesen, daß Kafka eine Schwester namens Ottla hatte, vielleicht, aber mehr weiß ich nicht.
Sie wurde in Auschwitz ermordet, Herr Woyta.
Manchmal, Herr Gerichtspräsident, verwenden Schriftsteller, nicht die besten, um übergroßen Schrecken zu verdeutlichen, das biblische Bild von Lots Weib, das zur Salzsäule erstarrte, als es auf das verheerte Sodom schaute. Woyta erstarrte zur Salzsäule. Er wurde gezwungen, auf den Leichenberg zurückzublicken, der sich unerwartet in seinem Gedächtnis wieder auftürmte.
Ich beobachtete seinen Schrecken ohne jede Erregung. Der Anfang, die Überrumpelung war mir gelungen. Alles andere würde sich – vorausgesetzt, er wehrte sich nicht – von selbst ergeben. Während ich ihn im Blick behielt, diesen massigen Mann, der seiner Selbstsicherheit beraubt war, hilflos auf ein Bild stierte, dachte ich an die Todesangst seiner Opfer, die, zurückkehrend, ihn zu erstikken drohte. Ich dachte: Zum ersten Mal und zu spät teilt er ihre Furcht.
Er fuhr zusammen, als ich sagte: Setzen Sie sich doch, Herr Woyta.
Sie haben mit Schirmer gesprochen, sagte er.
Ja, erwiderte ich, und Sie werden nun kein Wort mehr sagen, Sie werden nur noch zuhö-

ren und zusehen. Ich will keine Verteidigung von Ihnen hören, auch kein Geständnis.
Das ist verrückt! Sie können mich zu nichts zwingen!
So fatal es sich für Sie anhört, Herr Woyta, ich habe Sie in der Hand.
Er beugte sich nach vorn, senkte den Kopf.
Ich fing an, von Ottla zu erzählen, las einige ihrer Briefe vor und danach Anna Maria Jokls Bericht über ihre letzten Begegnungen.
Ottla kam mit einem Kindertransport in Auschwitz an, einem von vielen, und es ist denkbar, daß Sie diesen Zug nicht empfangen, nicht einmal auf der Rampe gestanden haben neben Höß und Mengele. Dennoch wünsche ich mir, daß Sie Ottla wiedererkennen, daß aus dem nach Asche riechenden Nebel allmählich eine Gestalt tritt, wie damals, älter als auf dem Bild, doch das Gesicht jung und so heiter und unanfechtbar, daß Sie in ohnmächtiger Wut die Fäuste ballen oder mit der Reitgerte gegen den Stiefel schlagen. Die Kinder drängen sich um die Frau. Sie sehen, daß sie mit ihnen spricht. Aber Sie können sie nicht hören. Es ist wie in einem Alptraum, der einen taub macht. Womöglich singt sie. Die ganze Gruppe wird für den Tod bestimmt, keiner wird ausgelassen. Sie stemmen sich gegen die Herausforderung dieser Gestalt. Und Sie sind erleichtert, als

einer aus der Begleitmannschaft Ottla voranstößt, ihre Wehrlosigkeit offenbar wird. Ottla und die Kinder haben nicht mehr lange gelebt. Für Sie, Herr Woyta, war Ottla nur einer von zahllosen Passanten zwischen Selektionsrampe und Todesbaracke. Für mich nicht, seitdem ich sie aus den Berichten näher kenne, die Briefe ihres Bruders an sie und Bruchstücke ihrer eigenen Briefe gelesen habe. Ich habe sie liebgewonnen. Sie gleicht einigen Frauen, die die immer nur flüchtig bewohnten Räume meiner Kindheit wärmten, die Babitschka und der Tante Manja in Brünn. Ich kann sie mir vorstellen, ich kann sie sehen, hören und, schließe ich die Augen, ihre Nähe spüren: eine Art leiblicher Güte.

Sie werden mich nicht begreifen, denn Sie waren imstande, drei oder vier Jahre Ihres Lebens als Menschenschlächter zu verbringen. Ich weiß nicht, wie Sie Ihren Sadismus, Ihre Mordlust danach unterdrückt haben. Welches Wunder Sie zum Demokraten und zum Christen machte. Welchem Gott Sie Ihre Rettung verdanken, welchen Menschen Ihren Aufstieg. Haben Sie einen schlechten Schlaf? Sehnen Sie sich nicht wenigstens hin und wieder nach einem Richter, der Ihnen Schuld und Strafe zuspricht, oder ist Ihre Selbstgefälligkeit so ungebrochen wie da-

mals in Auschwitz, als Sie mit einer Handbewegung über Leben und Tod geboten?
Er hob den Kopf; seine Lippen bewegten sich.
Sie sollen nichts sagen. Kommen Sie, ich möchte Ihnen etwas zeigen.
Ich führte ihn die Treppe hinunter, in den Keller unseres Hauses, in einen behaglich eingerichteten Raum, in dem wir mitunter Gäste unterbringen. Vor eine aufgerollte Projektionswand hatte ich einen Sessel gerückt, in dem Platz zu nehmen ich Woyta bat. Links und rechts von der Leinwand hatte ich zwei starke Lautsprecher aufgestellt.
Ich mußte ihn täuschen, und es fiel mir nicht leicht. Es bedürfe noch einiger Vorbereitungen, log ich, stellte ihm ein Glas und eine Sprudelflasche neben den Stuhl, verließ das Zimmer und schloß es ab. Ich tat es so behutsam, daß er den Schlüssel wahrscheinlich nicht hörte.
In einem kleinen Nebenraum befand sich alles, was ich brauchte. Ein Tonbandgerät, das mit den Lautsprechern verbunden war, und außerdem, auf einem Sockel, ein Projektionsgerät, mit dem ich durch ein kleines Loch, das ich in den letzten Tagen mit Mühe durch die Wand geschlagen und wieder verfugt hatte, die Bilder auf die Leinwand werfen konnte.
Ich will die Tortur, der ich Woyta aussetzte,

nicht im einzelnen ausführen, sondern nur die Mittel erklären: Über Jahre habe ich dokumentierende Fotografien aus den Konzentrationslagern gesammelt, dazu Bücher und Protokolle, das Tagebuch des Auschwitz-Kommandanten Höß, die Zeugenaussagen des Prozesses in Frankfurt, Berichte von Überlebenden. Die schrecklichsten Ausschnitte habe ich auf Band sprechen lassen, dazu Statistiken, soweit sie von der mörderischen Bürokratie nicht vor der Niederlage vernichtet worden sind.
Ich schaltete den automatischen Projektor ein, und auf der Leinwand war das erste Bild zu sehen: die nackten, ausgemergelten Leichen zweier Halbwüchsiger. Unzählige Bilder würden dem folgen: von Hungernden, Gefolterten, Ermordeten, von Erschießungen, von Leichenstapeln.
Durch die Wand drang ein kurzer Aufschrei, als hätte sich jemand verbrannt oder an einem Nagel gerissen. Ich wollte ihn nicht hören, also stellte ich das Tonband ein und ließ die Ungeheuerlichkeiten laut werden, immer lauter.
Dann ging ich hinauf, versuchte zu lesen.
Jede Stunde stellte ich die Geräte auf ihren Anfang. Dies tat ich, Herr Gerichtspräsident, zwei Nächte und einen Tag, achtete nicht auf sein Klopfen, seine Rufe, sondern dachte nur

an Ottla und an die Kinder, dachte an Sie, Herr Gerichtspräsident, der Sie so häufig der Vergeßlichkeit die Legitimation ausgesprochen haben.
Mit Skrupeln öffnete ich die Tür. Woyta taumelte mir entgegen. Er besaß keine Kraft mehr, auf mich einzudringen, mich zu schlagen. Ich führte ihn die Treppe hoch und blickte in ein Gesicht, das dem des Erfolgreichen nicht mehr ähnelte: aufgerissen und eingefallen, vom Schrecken verwüstet, die Augen blind von Vergangenheit.
Ich fragte Woyta, ob ich ihn nach Hause fahren solle. Doch er lehnte ab, stolperte durch den Garten und verschwand hinter der Hecke.
Sie werden mir, Herr Gerichtspräsident, nach dieser Schilderung Nötigung und Freiheitsberaubung vorwerfen können, und Sie werden wissen wollen, was aus Woyta geworden ist. Er ist spurlos verschwunden. Ich habe ihn aus meiner Phantasie entlassen, in der wohl vergeblichen Hoffnung, daß Ihre Phantasie ihn aufnehme und endlich das Urteil spreche.

Reihe RadiusBibliothek
Herausgegeben von Wolfgang Erk

Peter Härtling
Für Ottla
40 Seiten
*

Albrecht Goes
Christtagswege
80 Seiten
*

Johann Christoph Hampe
Fundamente und Grenzen
144 Seiten
*

Walter Jens
Roccos Erzählung
40 Seiten
*

Heinrich Albertz
Das grüne Gitter
60 Seiten

Die besondere Reihe: gutes Papier – echtes Leinen – Fadenheftung

Im RADIUS-Verlag
Kniebisstraße 29 · 7000 Stuttgart 1